AF177038

Haftungsausschluss

Ich weise ausdrücklich darauf hin, dass ich weder Arzt, noch staatlich zugelassener Therapeut bin, dass ich hier ausschließlich meine Erfahrungen mitteile und dass jeder selbst wissen und entscheiden muss, wie er mit seinen Panikattacken umgeht, welche Ärzte er aufsucht, welche Mittel er wie nimmt oder auch nicht, und welche Maßnahmen er für sein Wohlbefinden und seine Gesundheit trifft. Insbesondere körperlich schwer behinderte Menschen sollten sich ihrer Grenzen und Einschränkungen bewusst sein und gut abwägen, ob mein Programm auch in ihrem Fall hilfreich sein kann. Für geistig behinderte oder unreife Menschen und solche mit psychischen Leiden oder Störungen ist dieser Leitfaden definitiv nicht gedacht.

Weder der Verlag noch ich übernehmen irgendeine Haftung für Deine Entscheidungen und Handlungen, denn nur Du allein bist für Dein Leben und Wohlergehen verantwortlich. Du kannst von meinen Erfahrungen profitieren und diejenigen Tipps, die für Dich passen, übernehmen, und den Rest, oder auch alles, weglassen. Es liegt allein bei Dir, welchen Nutzen Du aus meinen Schilderungen für deine eigene Gesundheit ziehst. Es ersetzt nicht den Gang zum Arzt, Apotheker, Toxikologen, Umweltmediziner. Es kürzt nur mit Glück die Odyssee ein wenig ab, wenn man versehentlich zuerst beim falschen Arzt gelandet ist.

Irea

Ende der Panik

Leitfaden zur Selbstbefreiung von vergiftungsbedingten Panikattacken

Bibliographische Information der Deutschen Nationalbibliothek:
Die Deutsche Nationalbibliothek verzeichnet diese Publikation in der Deutschen Nationalbibliographie; detaillierte bibliographische Daten sind im Internet über http://dnb.de abrufbar.

Coverbild: Exit - pixabay.com
Covergestaltung: Irea C. Rose

Verlag & Druck: tredition GmbH, Hamburg

ISBN:

978–3–7482–5517–8 (Hardcover)
978–3–7482–0670–5 (Paperback)
978–3–7482–0672-9 (eBook)

Für Dich,

die/der Du erkannt hast,
dass die Verantwortung
für Dich und Dein Wohlergehen
in Deinen eigenen Händen liegt.

Die Erfahrung

Wer braucht sie schon, die Anfälle, die einen aus dem Nichts anspringen, die, kaum, dass man den leisen Zweifel hat: „Da will doch nicht etwa wieder eine aufkommen?!?", sich schon unverschämt breit machen, dreist Platz fordern, die Ohren summen lassen, sich erfrechen, den Blutdruck und den Puls, die Herzfrequenz und den Adrenalinpegel hoch-schießen und Schnappatmung aufkommen lassen, und dann - DAS REICHT JETZT! Ehrlich! SCHLUSS DAMIT!!!

Überflüssig, vollkommen überflüssig!

Weil der Körper ein Programm abspult, das in den allermeisten Fällen keine Berechtigung hat.

Panik ist immer ein Störfaktor, denn selbst, wenn eine reale Situation Anlass zu ihr war, so ist sie SELBST DANN eine Fehlschaltung im Kopf, wel-che das Denken und das sinn- und zweckgerichte-te Handeln blockiert, das ausgerechnet in einer Gefahrensituation nun wirklich hilfreich wäre.

Aber von realen Situationen rede ich hier nicht. Ich meine die völlig überflüssigen in der Bahn, im Tun-nel, im Flugzeug über der Wüste, auf dem weiten

Meer und diejenigen, die noch nicht einmal einen konkreten, situativen Auslöser haben. Die vollkommen deplatzierten.

Schon mal versucht, Hilfe beim Arzt zu bekommen?

Mich hat man damals vom einen zum anderen geschoben. Keiner konnte damit umgehen. Die Drops, die man mir dabei anbot waren gemeingefährlich: machten laut Packungsbeilage abhängig wie Heroin und das genauso schnell. Deshalb auch nur 10 Stück in der Dose.

Zum Glück bin ich nicht anfällig für Süchte und Abhängigkeiten. So verzweifelt war ich dann doch nicht, um mir wegen ein paar Panikattacken durch Einnahme von Pharmazeutika mein restliches Leben zu ruinieren. Schließlich kann man manche Medikamente nicht einfach so wieder absetzen, manche angeblich überhaupt nicht mehr.

Nicht mit mir. ☺ Ich wollte Heilung, nicht noch schlimmere Probleme.

Also hab ich den Arzt gestrichen, die Pillen entsorgt und mich auf die Suche nach Heilung gemacht.

Erstmal hatte ich drei offene Fragen:

Was ist die Ursache von Panikattacken?

Was mache ich, um mir eine akut aufkommende Attacke vom Leib zu halten?

Wie werde ich die Attacken insgesamt wieder los?

Drei kurze Fragen an den nächsten „Facharzt".

Er hatte nicht EINE Antwort auf diese Fragen. Immerhin drückte er mir ein Info-Heft in die Hand. Da stand u.a. drin, dass eine mögliche Ursache eine Schwermetallbelastung sein kann. Das brachte mich auf die Spur, denn der psychologische Rest aus dem Heft traf bei mir nicht zu, die Schwermetallvergiftung (Quecksilber/Amalgam) aber schon.

Alles weitere durfte ich selbst heraus finden und die nötige ärztliche Unterstützung finden.

Wenn DU also auf einen Arzt triffst, der Dir die Attacken von vorne bis hinten wegzaubert, schick mir eine Mail, der gehört weitervermittelt. ☺ Ich persönlich kenne keinen, der das kann. Und mit „Wegzaubern" meine ich jetzt nicht Tabletten schlucken, damit die Anfälle unterdrückt werden, sondern sie wirklich ABSCHAFFEN.

Das ist nach meiner Kenntnis der Job jedes Betroffenen selber, bestenfalls mit der Unterstützung durch einen Arzt, der einem einen ggf. vorhandenen Vitalstoffmangel schneller wieder auszugleichen hilft, als man das mit gesunder Ernährung allein mal eben könnte. Und vielleicht mit der Unterstützung eines Menschen, der einem bei der Auflösung von schädlichen Denkmustern oder Traumata hilft, die möglicherweise aus anderen Leben stammen, so dass man allein evtl. gar nicht so problemlos daran kommt, um sie aufzulösen.

Auch ein Toxikologe oder Umweltmediziner könnte ein paar gute Tipps auf Lager haben.

Aber das komplette Programm durchzuziehen, um wieder aus der Panikattackenschleife heraus zu kommen, liegt offensichtlich in der alleinigen Verantwortung des Betroffenen selbst.

Wer sich die frustrierende Odyssee von Pontius zu Pilatus nun gleich schenken oder endlich aufgeben will und sich nun hauptsächlich selbst um sich kümmert, für den habe ich ein paar Tipps aus meiner Erfahrungskiste zusammengetragen.

Ob sie Dir auch helfen, musst Du selbst herausfinden. Immerhin hast Du die Infos auf ein paar Seiten in der Hand, ohne sie Dir - wie ich - über Jahre zusammentragen und einzeln austesten zu müssen.

Ich stelle hiermit keinen Anspruch auf Vollständigkeit, da ich nur meine Erfahrungen mitteile, kein Arzt bin und hiermit natürlich keine Dissertation basierend auf irgendwelchen weltweiten Forschungsergebnissen verfasst habe.

Außerdem kann ich hier bestimmte Wege zwar benennen, nicht aber so detailliert erläutern, dass sie jeder an sich selbst ohne die nötige Ausbildung im Hintergrund anwenden könnte. Dafür müsstest Du Dich an einen ausgebildeten Menschen vom Fach wenden. Das kann, je nachdem, ein Energiearbeiter, Schamane oder ggf. ein Heilpraktiker sein, der sich mit entsprechenden Methoden auskennt.

Mein Anliegen ist es, hier kurz und knackig weiterzugeben, was ich erkannt und als hilfreich kennengelernt habe, um mich von Panikattacken zu befreien, ohne zu Tabletten oder anderen Maßnahmen zu greifen, die die Lage noch verschlimmern oder die einen abhängig machen würden; womöglich derart, dass man kaum je wieder „runter" kommt.

Schließlich gibt es pflanzliche Alternativen und bei denen entfallen immerhin das Suchtproblem und diverse unerwünschte Nebenwirkungen. Meiner Erfahrung und unmaßgeblichen Meinung nach funktionieren die auch tatsächlich.

Aber auch wenn man Medikamente nimmt, egal ob chemisch oder natürlich, sind diese noch lange nicht immer dazu geeignet, die Attacken abzuschaffen, sondern unterdrücken sie bzw. ihre Wahrnehmung einfach nur.

Das ist zwar für eine Weile eine sinnvolle Maßnahme, um das Körpergedächtnis wieder daran zu gewöhnen, und das eigene Vertrauen darein zu steigern, dass es auch ohne Attacken geht. Dennoch muss man parallel zur Einnahme jeglicher unterdrückender Mittel daran arbeiten, seine körperliche und seelische Gesundheit wieder aufzubauen und sich von alten Glaubensmustern oder Traumata zu befreien, sonst ändert sich nichts wirklich, sondern verschiebt das Problem und seine Auflösung nur immer weiter in die Zukunft, während man womöglich gleichzeitig mit der Einnahme von Pharmapräparaten u.U. die Anfälligkeit für Panikattacken noch steigert. Ja, manche tun das.

Die Frage ist: Wieviel Zukunft hat man noch, wenn es einem so schlecht geht?
Vor der Einnahme eines Präparates würde ich mich – egal, wie gebeutelt - jedenfalls immer da-

nach erkundigen, wie das mit der Abhängigkeit und dem wieder Absetzen des jeweiligen Präparates ist und dann verantwortungsvoll abwägen. Es geht schließlich um das eigene Leben, dafür sollte man die Verantwortung nicht weggeben oder anderen überlassen. Es ist ja schon genug schief gelaufen, was z.B. erst zu einer Vergiftung geführt hat.

Ja, man braucht Disziplin und einen starken Willen, um sich von dieser lästigen Angewohnheit namens Panik zu befreien. Aber das braucht man bei jeder Erkrankung. Nimmt man sie ernst, kann man sie umso schneller hinter sich lassen.

Ich sehe den Dingen ins Auge und packe Probleme an; für mich wären Medikamentensucht, chemische Betäubung und – womöglich dauerhaftes und immer stärkeres – „Wegschalten" der falsche Weg.

Aber es wählt ja jeder seinen. Ich hoffe, dass Dir meine Infos helfen können, Deine Zukunft und Dein Erleben angenehmer und wieder lebenswert zu gestalten, egal, welchen Weg Du wählst.

Ursachen für Panikattacken

...wie ich sie verstanden bzw. erlebt habe.

1.   Bei manchen sind es Grundängste wie Angst vor Feuer, vor tiefem Wasser, vor dunklen, engen Tunneln, oder es gibt ein altes, womöglich längst vergessenes Trauma, das durch irgendeine Situation wieder getriggert wurde.

Misshandlung z.B., ein Unfall, oder wenn man sich aus sonst einem Grund wehrlos fühlte, machtlos oder einer unerwünschten Situation ausgesetzt, kann zu einem tief sitzenden, manchmal auch über Jahre verdrängten Trauma führen, das unverhofft durch eine oftmals eher nebensächliche Angelegenheit oder Erinnerung wieder an die Oberfläche geholt wird.

Hat man vielleicht früher die Angst lange Zeit wegschieben können, bricht sie nun plötzlich voll durch, insbesondere, wenn weitere Stressfaktoren hinzugekommen sind und man sich nicht mehr stabil genug fühlt, die alten Themen noch länger auf Abstand zu halten.
Dabei kann es sich auch durchaus um Themen handeln, die in diesem Leben bislang noch keine Rolle gespielt haben, sondern aus anderen Leben

stammen. Diese bilden dann eher eine schon mit-
gebrachte Grundangst, die sich aus den vorherge-
gangenen Erfahrungen und Traumata gebildet haben.

Wer z.B. schon mal in einem Leben in Seenot geraten und auf offenem Meer ertrunken ist, der
könnte schon eine Angst vor offenem oder tiefem
Wasser als Grundangst mitbringen. Ebenso können sich Traumata, die man in diesem Leben hat,
auf andere Leben derart auswirken, dass man dort
mit einer neuen Grundangst startet.

Der Grundtenor und gemeinsame Nenner bei all
diesen und noch vielen weiteren Ängsten ist, so-
weit die Ursachen im Psychischen zu finden sind,
eine subjektiv empfundene Hilflosigkeit, ein Gefühl
des Ausgeliefertseins, ein Feststecken und Nicht-
fliehenkönnen, sei es in einer jetzigen Lebenssituation oder in der Vergangenheit bzw. einem
anderen Leben.

Natürlich können viele Menschen ähnliche Traumata erleben, doch unterscheiden sich die Betroffenen in ihrer Art des Umgangs mit der Situation.
Manche gehen gestärkt daraus hervor. Andere entwickeln ganz andere Strategien und Erkrankungen,
um sie zum Ausdruck zu bringen. Das vorherr-
schende Erleben des Aufgeschmissenseins drückt

sich als Panikattacke aus, selbst, wenn es auf einer subtilen Ebene stattfindet und gerne verdrängt wird und wurde. Verdrängen hilft allerdings nicht bei der Heilung, sondern verzögert sie nur.

2. Dann gibt es noch die Panikattacken ohne derartige Hintergründe, wo einfach Stress, Druck und der Gedanke: „Das muss jetzt mal langsam voran gehen mit dem Verkehr, sonst komme ich zu spät!" reichen, um sie auszulösen.

Dem muss keineswegs ein vorangegangenes Trauma oder Ängste zugrunde liegen. Ein winziges Maß an Stress reicht völlig, um den inneren Kurzschluss zu erzeugen.

Um zu dieser Kategorie zu gehören, braucht man etwas anderes, als (nur) schlechte Erfahrungen im Gepäck: einen Vitamin- und Vitalstoffmangel, oft gepaart mit einer Schwermetallbelastung oder einer Belastung durch sonstige Stoffe, die nicht in den Körper gehören. Diese rufen per se schon sog. „körperliche Depressionen" hervor und in der Folge womöglich auch psychische Angeschlagenheit. Aber so weit muss es noch gar nicht gekommen sein, die Panikattacken können auch schon vorher zuschlagen.

3. Die dritte Variante besteht nun in der Kombination von beidem: Trauma UND Vitalstoffmangel/Giftstoffbelastung.

Von der Variante 2 und somit auch 3 handelt dieses Buch.

4. Ein möglicher erhöhter Histaminpegel durch Dauerstress sollte durchaus auch mal in Betracht gezogen werden oder Neuverschaltungen der Synapsen im Gehirn aufgrund eben dauerhaften Stresses oder eines Zustandes dauerhafter Bedrohung. Dabei spielt es keine Rolle, ob diese Bedrohung jemals real war oder nur subjektiv so empfunden wurde, oder ob man sich selbst unter Druck setzt.

Das heißt also, dass in vielen Varianten gar kein echtes psychisches Problem vorliegt, wie es oftmals angenommen wird.
Außer natürlich man betrachtet es als psychische Fehlschaltung, dass jemand sich im Leben so hetzen lässt, dass bei ihm der Stress ausbricht.

Das liegt in unseren Breitengraden leider oft schon an der Erziehung, an den Berufserfordernissen und rücksichtslosen Arbeitsbedingungen, und es bedarf einer genaueren Beleuchtung unter Aspekten der Achtsamkeit, des Zen, des Tages- und Zeitmanagements, des im-JETZT-Seins oder des „Sich-einen-anderen-Job-Suchens" und der Entscheidung, seine Prioritäten im Leben neu zu ordnen und zu korrigieren. Aber Psychopharmaka?

Das ganze Dasein ist nichts wert, wenn man auf dem Zahnfleisch über die Runden zu kommen versucht, da muss der Gesundheit eine größere Bedeutung beigemessen und ihre Aufrechterhaltung - oder in diesem Fall ihre Wiederherstellung – vorrangig betrieben werden.

In allen genannten Fällen haben viele Betroffene auch das Gefühl, ihr „Fass" für Belastungen jeglicher Art sei voll und könne nichts mehr aufnehmen, bzw. es laufe schon seit Jahren über.
Das kann sowohl an einem Übermaß an Stress und psychischer Belastung, aber auch an einer Belastung durch Schadstoffe wie Lebensmittelzusätze, Strahlung, Chemikalien, Impfstoffe, Zahnfüllmaterialien usw. liegen.

Oder eben an einer Kombination mehrerer Faktoren.

Es kann sein, dass man quasi von einem Moment auf den nächsten auf vieles nicht nur höchst sensibel, sondern regelrecht allergisch reagiert. Klar, das Fass für Allergene oder das Fass für Stress ist voll, oder gleich beide, und der Körper schüttet Unmengen Stresshormone aus, was sich hier als allergische Reaktion (oder auch schon mal als langwierige Entzündung oder anderes) niederschlägt. Erkundige Dich über die genaueren Zusammenhänge, wenn es Dich interessiert. Hätte ich sie früher gewusst, hätte ich mir damals ein Antihistaminikum, sprich: Antiallergikum, für Notfälle besorgt. Vielleicht hätte mir das ja schon einiges erspart.

Maßnahmen bei akuter Attacke

Ärzte haben in gewissen Einrichtungen gerne schon mal Beruhigungsspritzen und Anschnallgurte zur Hand, was bei den Betroffenen natürlich zu noch weiteren Traumata und verstärktem Empfinden von Hilflosigkeit führt. Gerade behinderte Menschen, die sich nicht artikulieren können sind hier regelrecht ausgeliefert und können auch leicht überhört werden. Leider wirkt sowas oft auch noch über viele Leben nach.

Da ich der Ansicht bin, dass kein Mensch mit Panikattacken eine solche „Behandlung" brauchen kann, hab ich hier mal meine Erfahrungen zusammengestellt. Ich habe mich ausschließlich mit Dingen befasst, die nicht unter dem Begriff „Pharmazeutika" laufen und die mir geholfen haben, und wollte Euch zumindest wissen lassen, dass es damit geht, wenn man sich eigenverantwortlich heilen will. Oder das Gefühl hat, man muss.

Wer sich also nicht unterkriegen oder medikamentös abschalten lassen will und trotz Attacken versucht, sein Leben einigermaßen normal weiterzuführen, braucht - neben der Neuausrichtung seiner Prioritäten im Leben und Stressmanagement bzw. bewusster Tiefenentspannung seiner selbst und seines Tagesablaufes - eine Notfall-Strategie.

1. Eine, die bei mir funktioniert hat, war:

immer ein Fläschchen Bachblüten Rescue-Tropfen in der Tasche oder sonst wo in Griffnähe zu haben. Oder entsprechende Bonbons oder Kaugummis. Gibt es frei verkäuflich in jeder Apotheke. Die Tropfen kann man sich auf die Haut, Kopfkissen, Kleidung, Tuch aufträufeln oder nach den Angaben auf dem Etikett nutzen. Mir reichte gewöhnlich die Gabe eines Tropfens unter die Zunge, wenn kein Wasser in der Nähe war. Das gab es nötigenfalls hinterher.

Aber bis man die Tropfen oder Bonbons rausgefummelt und genommen hat, muss man ja die Attacke in Schach halten.

Und das verlangt ein hohes Maß an konzentriertem Willen, an Freiheit/ Weglassen von jeglichen Gedanken negativer Art oder solcher, die den Stress noch zu erhöhen vermögen, und ein unbedingtes kurzfristiges Zusammenreißen, sowie einige Taktiken, um das alles hinzubekommen.

2. Hilfreich wäre es da z.B., sich auf die eigene Erdung zu konzentrieren, indem man festen Bodenkontakt sucht, am besten ohne Schuhe, und sich vorstellt, dass die Fußsohlen sich mittig öffnen wie Schiebetüren und wie man dann alle überschüssige bzw. alle Stressenergie aus dem Körper durch die Füße hinab in die Erde sendet zwecks Transformation. Da hat man gleich bis zu drei Fliegen mit einer Klappe geschlagen: die Konzentration auf etwas Hilfreiches, den Abbau von Überdruck und die energetische Ausleitung von Giftstoffen, wenn man das mit einbaut.

3. Man muss auch nicht starr vor Schreck wie das Kaninchen vor der Schlange darauf warten, bis einen die Attacke, die sich gerade angemeldet hat, auch tatsächlich anfällt. Man kann ihr stattdessen befehlen, auf einem freien Stuhl oder dem Beifahrersitz Platz zu nehmen, und einen selbst in Ruhe zu lassen. Vielleicht hilft es, ihr zugleich zu sagen, dass man sich später um sie kümmern wird, aber nicht gerade jetzt.

Wäre ja auch ungünstig auf der Arbeit und auf der Autobahn. ☺

4. Natürlich wäre es weitaus besser, wenn man für eine Weile erst gar nicht arbeiten oder sich im Verkehr aufhalten müsste.

Aber selbst auf dem Weg zum Arzt oder zur Apotheke muss man ja klarkommen können. Oder wenn man meint, man sei längst über die Attacken hinweg und dann überrascht es einen doch wieder...

Meiner Erfahrung nach kann man erst nach etwa 1,5 Jahren, in denen man es geschafft hat, keine Attakke mehr durchkommen zu lassen, und zugleich seinen Körper entgiftet und aufgepäppelt hat, einigermaßen sicher sagen, dass man „über den Berg" ist. Für diesen Zeitraum braucht man nun wirklich ein paar Erste-Hilfe-Tricks auf Lager. Und am besten eine längere Auszeit, in der man sich voll und ganz auf sich und seine Heilung konzentrieren kann und vermeidet, sich mehr Anlässen zu neuerlichen Attacken auszusetzen, als nötig und unvermeidbar. In der Zeit sollte man sich liebevoll um sich kümmern und sich neue Wege für sein weiteres Leben zurechtlegen, die einem ein Gefühl von mehr Ruhe geben.

5.   Eine andere Taktik ist, man macht sich bewusst zunutze, was gerade im eigenen Körper passiert.

Ich habe irgendwann festgestellt, dass man die Bedeutung der Abläufe im Körper einfach umdrehen kann. Der Verstand beobachtet und erkennt zwar den Trick, aber er fällt trotzdem drauf rein, wenn man die Nummer konsequent durchzieht. Zumindest schießt er dann nicht noch weitere kritische Gedanken und Sorgen hinterher, die den Stress erhöhen könnten, im Gegenteil wird die Energie im Notfall POSITIV genutzt.

Hier also der Trick:

Man kennt das vom Autofahren oder sonst einem fahrbaren Untersatz, mit dem man schon mal in eine kritische Situation geraten ist: gerade nochmal gutgegangen, Zusammenstoß vermieden, aber Puls, Herzfrequenz, Adrenalin schießen jetzt erst richtig in die Höhe, besonders wenn man, nachdem die kritische Situation selbst vorüber ist, nun Zeit hat, sich bewusst zu machen, dass das ja auch ordentlich hätte schiefgehen können.

Muss man so etwas denken, wenn das Herz flattert? Dinge wie: Oh Mann, zwei Zentimeter weniger und ich wäre jetzt hinüber... oder so was? Und die nächste Attacke triggern?

Nö, man kann stattdessen denken:

„YEEEEEEEEEEEESSSSSSSS, ich bin der geilste Autofahrer ever!!! Hab ich das klasse gemacht oder habe ich das klasse gemacht?!? HA! Ich bin der Gott der Fahrkünste, der megakrasse Überflieger der Straßen, der Retter der Autobahn!! In mir steckt die Power der Rallyefahrer, pumpt die Energie der Superhelden! Yeah, baby, bin ich guuuut, sauguuuut...!"

Billige Taktik? Ja, so billig wie die Sprüche von testosterongesteuerten Proleten. Aber sie funktioniert und taugt für solche Notfälle: man fühlt sich kraftvoll, voller Energie, statt von Stress und Panik geschüttelt und geschwächt, und nur darum geht es. Also immer schön schamlos übertreiben, bis man sich selber glaubt... ! Probier´s aus... ☺

Das gibt den Kick, statt den Rest, yes Baby...! ☺

6. Kennst Du die Sache mit den Tüten, in die Panikpatienten atmen, damit der Sauerstoffgehalt im Blut, der durch Hyperventilation gestiegen ist, wieder sinkt? Wenn Dir eine Tüte hilft, dann hab immer eine dabei. Ansonsten kann man im Ernstfall auch einfach mal kurz die Luft anhalten.

7.   Davon abgesehen würde ich immer mal wieder das eine oder andere Hilfsutensil nutzen, wie z.b. eine Kanne beruhigenden Passionsblumentee trinken, einen Chrysokoll in der Hosentasche oder ein Säckchen mit Hämatiten oder Rosenquarzen mit mir führen, um den nervlichen Überdruck runter zu bringen. Körperkontakt hilft auch unmittelbar. Wer zu viele Stresshormone produziert und darum weiß, hat vermutlich ohnehin seine Antihistaminika irgendwo parat liegen.
Und man sollte sich viel bewegen - wenn nichts geht, geht auch zu Hause tanzen, wenn es sein muss im Sitzen oder Liegen. Zudem sollte man sinnvollerweise meditieren und lernen, sich zu erden. Beides sollte man in der Zeit jeweils mehrmals täglich tun. Morgens und abends wäre schon gut.

Zum Erden gibt es spezielle Übungen. Eine habe ich oben angesprochen. Weitere findet man sicher in (meinen) Büchern, im Netz oder bei mir.

Meditieren fängt damit an, sich nur auf eine Sache zu konzentrieren und alle anderen Gedanken wegzuschicken, vorbei ziehen zu lassen, wie Wolken. Und dann jeden Zentimeter des Körpers bewusst entspannen und entspannt atmen. Wer mit der Konzentration Schwierigkeiten hat, kann es auch mit progressiver Muskelentspannung versuchen: anspannen, Anspannung 10 Sekunden halten, loslassen. Mir bringt die bewusste Entspannung weitaus mehr als die progressive, aber die Menschen sind ja verschieden.

Abschaffung der Attacken

Die Abschaffung von Panikattacken ist kein kurzfristiges Unterfangen, sondern reichlich Arbeit auf allen drei Ebenen: Körper, Seele, Geist. Nicht stöhnen, davon wird es nicht weniger. ☺

Bei einigen Betroffenen überwiegt der eine Bereich als Ursache, bei anderen kommt ein anderer stärker zum Tragen. Man sollte jedoch alle Ebenen einer näheren Betrachtung unterziehen, will man sich so bald und vollständig wie möglich von den lästigen Attacken befreien.

Ziel eines jeden Betroffenen ist es ja, am liebsten nie wieder Attacken aufkommen zu lassen. Das lässt sich umso schneller und nachhaltiger gewährleisten, je schneller und je umfassendere Maßnahmen man hierzu ergreift. Im Folgenden werde ich die von mir getroffenen auflisten.

Wie gesagt benötigt man meiner Erfahrung nach einen Zeitraum von etwa 15-18 Monaten OHNE neuerliche Attacke, bevor man sagen kann, man habe sie hinter sich und sei über den Berg.

Achtung:

Mit jeder Attacke, die einem dazwischen kommt, fangen die Monate von vorne an zu zählen.(!)

Deshalb mein Rat, die Sache ernst zu nehmen und - auch wenn es viel auf einmal und stellenweise nicht ganz billig ist - sich an die Beseitigung aller Ursachen auf allen Ebenen zu machen.

Man kommt nicht drumherum, wenn man irgendwann noch mal ein Leben haben will, das man auch als solches bezeichnen kann, und es wird nicht billiger, wenn man es schleifen lässt. Derjenige, der darunter leidet, ist ohnehin nur man selbst.

Womöglich kann der Zeitraum auch erheblich abgekürzt werden, je nachdem, wie intensiv man sich nun um sich kümmert, aber das kann ich keinem versprechen, weil es alleine an der Arbeit des Einzelnen an sich selbst liegt.

Hier also die einzelnen Punkte, an denen man arbeiten bzw. arbeiten lassen kann:

1. Körperliche Ebene

Hier kommen verschiedene Faktoren in individuell unterschiedlicher Ausprägung zum Tragen, die das neurologische System, das Gehirn oder sonstige involvierte Bereiche des Körpers durcheinanderbringen.

Zu überprüfen wäre:

a) Besteht ein Mangel an Vitalstoffen, speziell auch an B-Vitaminen, die für das Neurosystem extrem wichtig sind? Bei Schwermetallbelastungen z.b. durch Zahnfüllungen oder Impfungen kommt man insbesondere beim Vitamin B (12) erfahrungsgemäß schnell ins Minus. Allein das kann offenbar schon für ein inneres Auflösungsempfinden sorgen, das Panikpatienten ggf. erleben, so, als ob alle Zellen in Armen und Beinen sich aus ihrem Verbund vereinzelten und der Kitt zwischen ihnen fehlte. Jedenfalls ließ das bei mir nach Gabe von Vitamin B12 und anderen B-Vitaminen schlagartig nach. Als Vegetarier hat man schon mal öfter mit Vitamin B-Mangel zu tun.

Um Vitaminmangel welcher Art auch immer festzustellen, kann man beim Arzt eine partielle oder eine komplette Vitalstoffanalyse durchführen lassen. Darin sind lauter Werte zu erkennen, die beim großen Blutbild normalerweise nicht untersucht werden. So sieht man z.B. ob Selen, Kupfer, Molybdän, Zink, Folsäure, Magnesium, Q10, die einzelnen Vitamine und vieles andere fehlen, worüber man sonst eigentlich nie eine Auskunft erhält.

Danach kann man diese Stoffe gezielt in den nötigen Mengen zuführen (lassen), z.B. wenn nötig auch als Infusion oder im Falle von Vitamin B12 auch als intramuskuläre Injektion. Das macht bitte jeder, der das ebenfalls erwägt, individuell mit seinem Arzt oder Toxikologen aus. Wer sich Injektionen verabreichen lässt, dem kann ich aus eigener Erfahrung nur empfehlen, darauf zu achten, dass kein H_2SO_4 in dem Präparat ist, sonst gibt es brennend-beißende Kopfschmerzen. Vitamin B 12 / Cyanocobalamin darf laut meinem Arzt in dem Muskel, in den es gespritzt wird, ein wenig brennen. Aber eben nur da.

Die Kosten für die Vitalstoffanalyse darf man leider selbst tragen, aber das wäre für mich die erste und wichtigste Maßnahme auf körperlicher Ebene, und die Grundlage für ein anschließendes umfassendes „Aufpäppeln" der eigenen neurologischen Stabilität und für das Auffüllen der ggf. leeren Vitalstoffspeicher.

Die preisgünstigere Variante wäre, man verzichtet auf die Analyse und besorgt sich Basenpulver oder sonstige Nahrungsmittelergänzungen z.b. aus Apotheke oder Reformhaus, die man sich regelmäßig ins Müsli oder über sonst etwas Essbares gibt. Das enthält die meisten der o.a. Vitalstoffe. Oder Moringa o.ä. Aber reicht die Menge?

Für etliche Vitamine muss man allerdings anderweitig sorgen, die sind nicht im Basenpulver enthalten. Bei vorhandenem Mangelzustand reicht gesunde Ernährung allein ggf. nicht, da blieb zumindest mir nichts übrig, als mit Vitaminpräparaten nachzuhelfen. Nicht mit den Produkten aus dem Drogeriemarkt mit 150 Mikrogramm Vitamin B 12, sondern mit täglich 3000 Mikrogramm. Ein Tipp eines Toxikologen und Umweltmediziners. Diese Megadosen kann man allerdings nicht oral einnehmen, da der Körper gar nicht in der Lage ist, sie über den Verdauungstrakt vollständig aufzunehmen. Hier blieb mir nur das intramuskuläre Injizieren als Mittel der Wahl. Vitamin D3 dagegen bildet der Körper ja, wenn er genug Sonne tanken kann, nötigenfalls auch auf der Sonnenbank. Ich habe aber auch schon ein Therapeutikum für eine Vitamin D3-Kur auf Rezept erhalten. Hier aber nur winzige Mengen. Lass Deinen Arzt prüfen, was angezeigt ist. Er muss sich nur die Adresse eines geeigneten Labors heraussuchen. Oder Du suchst eines. Falls ein Arzt sich weigert (auch schon gehabt) – es gibt noch mehr von denen.

b)   Gibt es in Deinem Fall Belastungen durch Giftstoffe in den Zähnen und damit im Gewebe, wie z.B. Amalgam, Quecksilber, Palladium oder durch Aluminium oder durch Lebensmittelzusätze wie Aspartam, Glutamat usw. oder z.B. durch Impfstoffe, Medikamente, Strahlung von Handy, WLAN, Antennenmasten, Elektrosmog oder anderes, womit Du zum Beispiel beruflich zu tun hast?

Bei vielem davon kann der Allergologe, der Hautarzt helfen. Der kann eine Reihe Tests mit Stoffen, die er vorrätig hat, durchführen, aber auch mit solchen, die man selbst als Probe mitbringt, z.B. mit möglichen neuen Füllmaterialien für die Zähne.

Davon abgesehen gibt es auch eine elektronische Messmethode für Belastungen, den Delta-Scan. Den hat allerdings nicht jeder Arzt und die Untersuchung kostet extra. Vielleicht gibt es ja auch Heilpraktiker, die solche Geräte nutzen. Vergiftungen durch Impfstoffe oder Zahnfüllungen zahlt die Kasse; die Kosten für das Entgiften überlasst sie jedem Betroffenen dagegen weitgehend selbst.

Sollte eine Unverträglichkeit von Zahnfüllmaterialien, die jemand in den Zähnen hast, festgestellt werden, dann sollte der Allergologe das unbedingt bescheinigen. Wenn man nämlich bei Gelegenheit diese Füllungen entfernen lassen will, muss eine Unverträglichkeitsbescheinigung vorliegen, sonst bezahlen die Kassen die Entfernung und die Kosten für die Neuüberkronung nicht. Vielleicht sollte man nach den Allergietests nicht allzu lange mit der Zahnsanierung warten, sondern tätig werden, so lange die Bescheinigung noch „frisch" ist. Fragt Eure Krankenversicherung, ob es eine bestimmte Zeitspanne gibt, während der die Testergebnisse anerkannt werden.

Bei einer Haar-Mineral-Analyse, die auch selbst gezahlt werden darf, kann man Informationen zur Versorgung mit / Belastung durch verschiedene Mineralien bekommen. Sie zeigt ein Zuviel oder Zuwenig aller überprüfter Stoffe an: von Calcium, Kupfer, Selen bis Nickel, Blei, Aluminium, Quecksilber usw. Das macht z.B. Biometa GmbH mittels Atom-Absorptions-Spektrographie und Flammenphotometrie. Der Arzt kann sich daran bei Deiner Giftstoffausleitung wie auch bei Deinen Infusionscocktails orientieren.

Um Giftstoffe im Körper, die sich nicht herausbohren lassen, loszuwerden, hatte ich mehrere Etappen zu bewältigen:

- Stärkung der Entgiftungsorgane durch Vitalstoffe,
    - durch vom Arzt korrekt abgestimmte und von mir konsequent

durchgezogene Ernährungsumstellung (siehe Punkt c)
- und TCM-Tees
- ggf Globulis

- Ausleiten der Giftstoffe aus dem Körper.

Hier muss man unterscheiden:

Man kann erstmal notfallmäßig energetisch etliche Stoffe ausleiten. Das machen z.B. Energiearbeiter, Schamanen oder Heilpraktiker. Frag nach, wer das kann, es gehört nicht zu jedermanns Ausbildung, Erfahrungsschatz oder Spezialgebiet.
Ich selbst habe das über viele Jahre als eine sinnvolle Notfallhilfe erlebt, die ich immer noch bei vielen Gelegenheiten nutze. Schließlich kontaminiert man sich in dieser Welt ja immer mal wieder neu mit schädlichen Stoffen oder Strahlung.

Die energetische Ausleitung kann schon sehr dabei helfen, wieder ein anderes Gefühl für sich und seinen Körper zu bekommen, so, als sei wieder mehr Platz in dem seit Jahren überlaufenden Fass.
Man sollte auch nicht vergessen, dass Stoffe, die im Körper eingebaut oder einge-

lagert waren, trotz Ausbohrens oder sonst wie Entfernens natürlich noch als homöopathische Information im Körper abgespeichert sind. Diese kann man auch energetisch löschen.

Will man die Stoffe PHYSISCH aus dem Körper ausleiten, sollte man sich an einen Arzt/Heilpraktiker wenden, der einen dabei begleiten kann. Wenn die belastenden Stoffe nämlich aus den Zellen herausgelöst und wieder im Organismus in Umlauf gebracht werden, wirkt sich das natürlich vorübergehend auch wieder belastend auf den Körper aus und kann ggf. zu neuen Panikattacken und weiteren Problemen durch akute Neuvergiftung führen. Deshalb ist es meiner Erfahrung nach wichtig, vor einer physischen Ausleitung unbedingt dafür zu sorgen, dass die Entgiftungsorgane Leber und Nieren hierfür fit und gestärkt sind/ werden, und dass man einen guten Arzt zur Seite hat. Mit „gut" meine ich in dem Fall einen Arzt, der nicht nur etwas KANN, sondern der auch auf die Bedürfnisse des Patienten bzw. dessen Körper HÖRT und ACHTET. Ignorante oder übereifrige Ärzte, die meinen, kraft ihres Diploms prinzipiell Recht zu haben und einem Patienten unhinterfragt Sachen – auch gegen den ausdrücklichen Wunsch des Patienten - unterjubeln, können einem schwer vergifteten Menschen in dieser Situation glatt den Rest geben. Leider spreche ich auch hier aus Erfahrung.

Es gibt viele verschiedene Wege, Giftstoffe physisch auszuleiten, doch nicht alle sind für jeden gleichermaßen geeignet.

Die Standardmaßnahmen Chlorella und Bärlauch können Menschen, die von ihrer genetischen Anlage her nur bedingt (Giftstoffe) über die Leber verstoffwechseln können, ganz schön in Schwierigkeiten bringen, und das sind immerhin 50% der Kaukasier (der Weißen). Außerdem kann eben diese eingeschränkte Fähigkeit zum Abbau von Giftstoffen mit zu den Panikattacken beigetragen haben.

Man kann das bei Bedarf in einem Genetik-Labor überprüfen lassen, ob man zu den 50% gehört, die besser nicht noch zusätzlich ihre Leber belasten. Hierzu nimmt der Arzt eine Probe Deiner DNS und schickt sie ans Labor, oder man geht selbst hin. Vorher wegen der Kosten erkundigen. Eine

Kurzüberprüfung der Leberenzyme usw. ist beileibe nicht so teuer (damals unter € 200), wie eine breit angelegte Genanalyse (damals € 2000,-) Wer zu dieser greift und erfährt, dass seine DNS grundlegend anders gestrickt ist, der braucht sich nicht über seine hohe Sensibilität gegenüber Giftstoffen oder anderen Umwelteinflüssen zu wundern. Für den sind u.U. eine Menge Sachen Gift, die von einem Menschen mit „normaler" DNS einfacher weggesteckt werden. Auf uns „Aliens" ist die Pharmaindustrie nicht sinnvoll ausgerichtet.

Gegebenenfalls muss man andere Wege der Ausleitung finden, z.B. mit Hilfe von Globuli oder mit energetischen Maßnahmen und energetisierten Dingen.

Aber was auch immer als Methode gewählt wird, in den Fettzellen gebundene Giftstoffe zwecks Ausleitung auch physisch wieder im Körper in Umlauf zu bringen - man sollte vorher einen brauchbaren Arzt gefunden haben. Und einen, der einem auch erklärt, dass man z.B. beim Abnehmen Gefahr läuft, sich selbst zu vergiften, weil der Giftanteil in den Zellen prozentual steigt, wenn der Fettanteil sinkt!

Es gibt auch Leute, die zum Ausleiten auf Bioresonanz schwören.

Das kann ich aus eigener Erfahrung nun überhaupt nicht empfehlen, weil die Angaben und Werte bei mir nie stimmten und sich permanent widersprachen, aber wir befinden uns hier auf einem Gebiet, wo man viel selber ausprobieren und jeder selbst das Richtige für sich finden muss, deshalb will ich es nicht unerwähnt lassen.

Manche Menschen entgiften auch schon stark über die Haut, wenn sie verstärkt Vitamin B 12 bekommen. Sieht nicht schön aus, aber immerhin findet der Körper einen Weg...

Ionisierte Fußbäder helfen auch, dem Körper Giftstoffe zu entziehen. Es gibt Heilpraktiker und ein paar Ärzte, die das machen, darf man aber ggf. auch selber zahlen. Oder man investiert in ein eigenes Gerät für zu Hause.

Aber wie gesagt, ERST würde ich jederzeit wieder dem Körper unterstützende Dinge wie fehlende Vitalstoffe (a)) und die richtige Nahrung (c)) zuführen, bevor ich mich um das physische Ausleiten kümmere, was ein längerer Prozess für sich ist.

Energetische Ausleitungen diverser Schadstoffe kann man in verschiedenen Dosierungen auch zwischendurch durchführen.

Die Entfernung des Hauptstörfaktors einer Krankheit macht allerdings i.A. nur dann Sinn, wenn die Erkrankung für den Betroffenen ihren Nutzen verloren hat. Wenn es noch Gründe gibt, daran festzuhalten, wird´s schwer.

Da hast Du jetzt nicht mit gerechnet? ☺ Dann denk mal drüber nach, welchen Vorteil oder Nutzen Du aus den Attacken oder der Belastung ziehst. Oder ob Du mit Deiner (Lebens-)situation auch anders umgehen könntest, als mit Verweigerung der eigenen Verantwortung zu reagieren... Als das verstehe ich nämlich Panikattacken: Als Ermahnung des Lebens an den Betroffenen, die Verantwortung für sich selbst in die eigenen Hände zu nehmen und sein Leben selbst zum Besseren zu wenden und, wo nötig, komplett umzugestalten, und zwar mit genau der Unterstützung, die man sich dazu bewusst und gezielt aussucht.

Das fängt schon mit dem nächsten Punkt an:

c) Ernährst Du Dich so, wie es Dein Körper benötigt?

Zum einen funktionieren die menschlichen Körper schon allein je nach Blutgruppe unterschiedlich und benötigen verschiedene Stoffe bzw. unterschiedliche Anteile derselben Lebensmittel.

Zum anderen kann ein Körper aus den verschiedensten Gründen stellenweise geschwächt sein und vorübergehend bestimmte Nahrung oder Stoffe verstärkt benötigen, damit die Entgiftungsorgane, das Immmunsystem oder das Gehirn usw. wieder fit werden. Bei manchen Körpern kann ausschließlich warme, gedämpfte oder gedünstete Nahrung für eine Weile vielleicht eher gefragt sein, als kalter Joghurt, Smoothies oder Salate.

Ein nach Traditionell Chinesischer Medizin (TCM) arbeitender Arzt oder Heilpraktiker teilt die Menschen in verschiedene Elemente ein und kann jedem sagen, welche Lebensmittel bzw. welche Art der Zubereitung für einen selbst – insbesondere in dieser schwerst belasteten Phase - die richtige wäre. Darüber hinaus kann er aber auch sagen, welche chinesischen Tees (aus der Apotheke, leider nur aus ganz speziellen, in Köln z.B. aus der Viktoria-Apotheke, Aachener Str./Rudolphplatz oder vielfach übers Internet) man trinken sollte, um z.B. seine angeschlagene Leber oder Nieren aufzubauen und zu stärken, damit Giftstoffe aus dem Körper weiterhin ausgeschieden werden können und Körper, Gehirn und Neurosystem nicht länger belasten.

Mit ein paar Tassen Tee ist das allerdings nicht erledigt, das darf man sich erfahrungsgemäß schon ein dreiviertel Jahr oder länger vornehmen. Aber es ist eine einfache Angelegenheit und es ist etwas, um das man sich neben der Vitalstoffanalyse und der Gabe der nötigen Stoffe sofort beim nächsten Arztbesuch kümmern kann. Gegebenenfalls darf man den Arzt dafür wechseln und sich einen traditionell chinesisch arbeitenden suchen.

Patienten mit privater Krankenversicherung oder privater Zusatzversicherung bekommen die Kosten für die Behandlung und

Analyse i.d.R. erstattet. Für den Tee selber eher nicht. Es sei denn, der Arzt weiß, wie er das sinnvoll begründet und die Krankenversicherung ist ausgesprochen kulant.

d) Prophylaktisch und um das eigene System etwas runterzufahren würde ich persönlich zu Passionsblumentee greifen. Das Kraut kann man in jeder Apotheke kaufen, morgens einen Liter Tee aufstellen, den Tag über trinken. In der Thermoskanne aufbewahren oder zwischendurch kurz erwärmen, aber nicht nochmals kochen. Nicht über Nacht stehen lassen, irgendwann gammelt ja auch Tee.

Auch, wenn es „nur" Tee ist - es ist Medizin. Das mögen die Pharmaindustrie und Krankenversicherer anders definieren und das sollen sie ruhig. Ich halte es hier mit den Indianern: aus meiner Sicht ist also alles Medizin, was eine Wirkung hat, und seien es Placebos, an deren Wirkung der Nutzer glaubt. Und die haben Pflanzen, wenn man sie richtig einsetzt, ebenfalls. Auch, wenn eine Wirkung von Pflanzen offiziell nicht nachgewiesen sein mag - unsere Vorfahren haben sie aus irgendwelchen Gründen über Jahrtausende hartnäckig genutzt, deshalb gehe ich davon aus, dass es immer einen Versuch wert ist. Sich schlau zu machen hat jedenfalls noch nie geschadet.

So lange nun die Gefahr besteht, dass noch weitere Attacken auftreten, würde ich persönlich mir das System mit solchen einfachen, kostengünstigen und m.E. sinnvollen Methoden herunterfahren, bis die Erinnerung an Attacken aus dem Körper-Geist-System verschwunden ist und mein Körper vergessen hat, dass er je das Gefühl von Panik kannte. Zumindest würde ich den Tee immer wieder dann auspacken, wenn ich merke, dass ich wieder instabil werde, und das eben mindestens über die 1,5 Jahre, in denen die Gefahr eines Rückfalls gegeben ist. Der Vorteil: keine Chemie, keine Abhängigkeit, keine weiteren Schädigungen des Nervensystems und Gehirns, sofern man nicht übertreibt.

Dazu würde ich mir für Notfälle die Bachblüten-Rescue-Tropfen besorgen und wäre damit für das Schlimmste erstmal gewappnet.

Du musst dich natürlich nicht an meine Erfahrungen halten, aber Du solltest Dir darüber im Klaren sein, dass die anderthalb Jahre mit jeder neuen Attacke von vorne zu zählen anfangen und die ganze bisherige Mühe dann u.U. auf einen Schlag umsonst war. Da ist so ein bisschen Tee nun wirklich das geringste Übel.

Übrigens sollte man seinen Kaffeekonsum parallel so weit drosseln, wie irgend möglich, so lange man gleichzeitig Tees oder andere Mittel zur Beruhigung nimmt, sonst ist das ja sinnlos. Am besten gewöhnt man sich den Kaffee für eine Weile ganz ab.

Ja, Koffeinjunkies geht es in den ersten 2-3 Tagen des Abgewöhnens nicht besonders gut, aber danach ist man zumindest die Sucht los und dann bringen beruhigende Mittel auch etwas, wenn man sich nicht auf der anderen Seite gleichzeitig immer wieder aufputscht.

Viele Ärzte verordnen gerne Johanniskraut. Kann man auch rezeptfrei in der Apotheke kaufen, soll aber nur kurzfristig angewandt werden, weil es nach Auskunft von (anderen) Ärzten doch sehr auf die Leber geht.

Baldriantee geht auch, schmeckt aber wie Käsefüße. Für Fans natürlich ein Schmankerl, für andere eher igitt... ☺

Selleriesaft oder Sellerietee. Den Sellerie wird man vermutlich auch in dem einen oder anderen chinesischen Tee wiederfinden... Meinen Geschmack trifft er nicht, aber wenn er beim Entgiften und damit beim Runterkommen hilft...

e) Ein wichtiger Tipp, der mehr bringt, als man womöglich erst einmal glauben mag, der aber in Teilen auch erstmal eine Umstellung, etwas Arbeit und Neugewöhnung in Deinem Einkauf- und Kochverhalten mit sich bringen mag, ist das bewusste Kaufen und Zubereiten von Bio-Gemüse und das vollständige Weglassen von Stoffen, die in Deinem Körper nichts zu suchen haben, die aber vielen Supermarkt- (und leider auch EU-Bio-)Produkten beigefügt sind.

Also, was jeder am besten ab sofort streichen kann, sind Produkte, die Glutamat, Hefeextrakt, Tomatenextrakt, Fluorid (Salz, Wasser, Zahncreme), Aluminium (Deodorant, Joghurtbecherdeckel, Fertigessenschalen, Getränkedosen), Erdöl (Cremes, Bodylotion, Lippenbalsam) enthalten.

Und alles, was mit light, zero oder zuckerfrei wirbt. Da drin ist nämlich meistens Aspartam oder Acesulfam oder sonst ein ungesundes Zeug, das irgendwie den Weg in unsere Lebensmittel gefunden hat.

Das alles bringt unser Hirn und andere Teile des Körpers durcheinander und das braucht, glaube ich, niemand.

Bio-Essen ohne diese ganzen Stoffe und ohne Pestizide und Insektizide gibt unserem Körper meiner Erfahrung nach wesentlich mehr Energie usw. als Supermarkt(-ANGEBLICH „BIO"-) gemüse. Zudem werden wir nicht erneut mit Stoffen vergiftet, die unser Körper erst einmal abbauen müsste. Daher kommt man mit weniger Gemüse aus, weil man nicht auch noch zusätzliche Kraft und Energie benötigt, um erst einmal mit Insektiziden und Pestiziden klar zu kommen. Es wird also bei frischer Bio-Ware gar nicht mal so viel teurer, wie vielfach angenommen, weil man länger damit auskommt. Man muss ja nicht auch alles andere kaufen, was es im Bioladen so gibt, wenn das Geld dafür nicht reicht.

Übrigens habe ich auch komplett auf stilles Quell- oder Mineralwasser umgestellt, auf fluoridfreies in Glasflaschen natürlich. Ich war den Plastikgeschmack auf der Zunge leid. Ich weiß ja nicht, mit welchen Wasserleitungen Dein Haus ausgestattet ist oder was aus Euren Kläranlagen wieder in Umlauf gebracht wird, aber in den meisten Städten vergeht mir echt das Trinken von Leitungswasser wegen der Leitungen, Unmengen Kalk, Nitrat oder Chlorgeschmack oder der dunkeltrüben Färbung von Tee, der mit Mineralwasser zubereitet ein schönes, leuchtendes Gelb hat. Auch der Kaffee schmeckt, je nach Wasser, völlig anders.

Wenn der eigene Körper schon so angeschlagen ist, dass er völlig am Boden liegt und vorsichtig wieder hochgepäppelt werden darf, dann kann ich auch die Metalle und Giftstoffe aus dem Leitungswasser weglassen, sofern ich keinen Osmosefilter besitze.

f) Ach ja, Strahlung bringt das Nervensystem ganz extrem durcheinander, zumal wenn man sowieso schon angeschlagen ist. Deshalb hält man sich am besten von den überall auf den Dächern oder sonstwo aufgestellten Funkantennen fern.

Also auch Tablets und Handy abschaffen oder zumindest aus- und die mailbox anschalten, besonders im Auto und in anderen geschlossenen Räumen oder in der Jacken- oder Hosentasche. Wann immer möglich Festnetztelefon nutzen. Am besten ein kabelgebundenes Telefon, bei dem der Hörer ebenfalls am Gerät befestigt ist, weil die schnurlosen Geräte ja auch funken. Den Computer kann man per Kabel ans Internet anschließen. WLAN oder diese ganzen Mobilgeräte sind zwar praktisch, aber nicht nur als krebserregend verrufen, sondern für viele leider auch auf zahlreiche andere Weisen äußerst ungesund. Ich darf das sagen, ich hab es schriftlich und bin der Beweis. ☺ Ich würde auch wegziehen, wo Handymasten auf mein Haus einstrahlen oder ein Smartmeter in Haus, Wohnung oder Nachbarschaft installiert ist. Aber jedem das Seine...

2. Seelische Ebene

Du bist ja nun an einen Punkt im Leben gekommen, wo andere Dein Problem nicht lösen können, sondern Du gezwungen bist, die alleinige Verantwortung für Dich und Dein Wohlergehen zu übernehmen und eben auch die nötigen Maßnahmen einzuleiten und auf Dich zu nehmen.

Das ist ja bei vielen Menschen, bei denen der psychische Faktor kausal überwiegt, genau der Punkt: Sie fühlen sich in irgendeiner Situation oder Erfahrung hilflos, ausgeliefert, nicht Herr z.B. über ihr Befinden, ihr Leben, ihren Zustand, ihre Lebenssituation, ihre Arbeitsbedingungen oder – im Falle Schwerstbehinderter - über ihren Körper und den Umgang mit ihm.

Das kann ein akuter Fall sein und die aktuellen Lebensumstände, Arbeitsbedingungen usw. betreffen, aber bzw. auch auf Erfahrungen in der Vergangenheit, sei es aus diesem oder einem anderen Leben, zurückzuführen sein.
Wenn nichts Akutes vorliegt, dann ist da vermutlich eine alte Geschichte getriggert worden durch irgendeinen - womöglich nichtigen - Anlass.

Auch, wenn man das vielleicht nicht so gerne hört oder sich gar nicht damit auseinander setzen mag

- das Thema ist auf psychisch - geistiger Ebene zumeist Hilflosigkeit und da kommt man nur wieder heraus, wenn man bereit ist, aus dieser Hilflosigkeit herauszuklettern, die Verantwortung für sich zu übernehmen und festzustellen, dass man gar nicht so hilflos und ausgeliefert ist, wie man vielleicht glaubte. Oder sich vorzumachen beliebte.

Diese Themen kann man sich selber anschauen, sofern es um die aktuelle Lebenssituation geht, und man kann konkret anfangen, sich zu überlegen, welche Wege es gibt, aus der festgefahrenen Situation herauszukommen.

Geh davon aus, dass es immer mindestens eine Lösung gibt. Natürlich willst Du die beste finden, aber manchmal ist auch diese nur so einigermaßen zufriedenstellend. Dennoch musst Du Dir ganz klar vor Augen halten: Dir geht es schlecht. Du hast jetzt Priorität in Deinem Leben. Wenn es Dir schlecht geht, tust Du Deiner Umgebung keinen Gefallen damit, Dein bisheriges Programm abzuspulen. Du darfst und musst Dich jetzt auf Dich konzentrieren und neue Strategien entwickeln.

Egal, ob Dein Job Dich so vereinnahmt, ob Du Angehörige pflegst, ob Du Dich zwischen verschiedenen Orten oder Personen zerrissen fühlst: spür in Dich hinein, was DU jetzt und künftig wirklich brauchst und magst und lass alles weg, was Du nur aus Pflichtgefühl, Gewohnheit oder Druck von Außen machst, dafür gibt es andere Lösungen. Spätestens wenn Du krankgeschrieben bist, werden Ämter oder andere Menschen ohnehin dort einspringen, wo Du sonst tätig warst und das darfst und musst Du Dir jetzt auch gönnen. Es gibt zur Not immer noch andere, vielleicht bessere Jobs, man kann manches abgeben, outsourcen und es gibt Hilfen, die man für Pflegebedürftige und Zöglinge anstellen kann, je nachdem sogar auf Kosten der Krankenkasse.

Wie würde Dein Leben aussehen, wenn Du es Dir aussuchen könntest?

Du kannst und darfst es Dir ja aussuchen.

Wähle es Dir JETZT neu aus und lebe es. Das kannst nur Du. Dein Leben, Deine Verantwortung für Dich und die Zukunft - oder hoffentlich das Ende - Deiner Attacken liegen in Deiner Hand.

Die Attacken sind so etwas wie der letzte schrillende Alarm Deines Lebens, um Dich daran zu erinnern, dass der einzige, der sich anständig um Dich kümmern kann, so, wie Du es brauchst, Du selbst bist, und dass es in niemandes als allein in Deiner eigenen Verantwortung liegt, ob es Dir gut oder schlecht geht, dass nun das Ende allen Opferdenkens und des von-sich–Schiebens der eigenen Verantwortung auf Ärzte, Chefs und sonstige Menschen oder Umstände gekommen ist, weil Dir hier an diesem Punkt niemand mehr helfen kann, wenn Du es nicht selber tust. Kein Mensch.

Wenn Du nicht anfängst, Deine Grenzen anzuerkennen, zu definieren und zu setzen und sie auch nach außen hin kundzutun, wo nötig, werden Deine Mitmenschen sie weiterhin überschreiten und verletzen. Wenn Du nicht gut für Dich sorgst, wird es Dir weiterhin elend gehen.

Du hast während einer Panikattacke das Gefühl, Du könntest jeden Moment sterben? Dabei macht sie Dich nur darauf aufmerksam, dass Du in gewisser Weise schon längst gestorben bist, da du an irgendeinem Punkt aufgehört hast, Dich für Dein Leben und Dasein verantwortlich zu fühlen und Dich um Dich selbst zu kümmern, sei es erst in diesem oder auch schon in einem anderen Deiner vielen Leben.

Aus diesem Loch musst Du Dich selbst wieder herausarbeiten, angefangen damit, dass Du den Panikattacken zeigst, dass Du ihnen keinerlei Macht mehr über Dich gibst, sondern Deinem Wohlergehen die Aufmerksamkeit schenkst, die es verdient.

Dann haben auch die Attacken auf Dauer keine Macht über Dich. Aber sie werden Dich noch eine ganze Weile testen... also klemm Dich am besten mit aller Entschlossenheit dahinter, gut für Dich zu sorgen. Auch, wenn es nicht immer lecker sein mag. ;) Dein Körper hat halt auch Bedürfnisse, nicht nur Deine Zunge...

Fang auf jeden Fall an, Dir Gutes zu tun und gut für Dich zu sorgen.
Gestalte Deinen Tag so, dass Du immer wieder Pausen zum Entspannen hast. Gewöhne Dir - multitasking-Talent hin oder her - zumindest für eine Weile an, nur EINE Sache zu machen, EINE NACH DER ANDEREN. Entweder essen ODER lesen. Entweder kochen ODER lernen. Und wähle die Musik bewusst so aus, dass sie einen beruhigenden oder sogar erhebenden Effekt auf Dich hat, z.B. meditative oder klassische Musik statt Radio und Querbeetmusik.

Umgib Dich mit Dingen, die Dir helfen, runterzukommen.

Vielleicht:

   - ein plätschernder Zimmerbrunnen,

- eine Lavalampe, am liebsten rot oder grün in klarem Wasser. (Nicht blau oder lila in buntem Wasser.),
- schöne, große, beruhigende Landschafts- oder Zenbilder oder auch
- eine Buddhafigur,
- großflächige, entspannende Farben und Formen in der Wohnung. usw.

Lerne

- Dich zu erden und Dich an die Schöpferebene anzubinden; das eine entlastet und stabilisiert, das andere öffnet einen Kraftstrom
- Giftiges in Deinem persönlichen Umfeld, in Deinem Haushalt zu erkennen und auszusortieren, und damit sind an dieser Stelle mal nicht nur Kosmetika, Medikamente, Lebensmittel, Möbel und Baustoffe oder Dekomaterialien gemeint. Auch Menschen, Wohnorte oder Arbeitsplätze können „giftig" sein.

Gönne Dir

- öfters mal eine Meditation oder einen Mittagsschlaf (macht alle Welt, nur wir Mitteleuropäer nicht) und
- Wellness, Jaccuzzi, Sauna, ein Meersalz- oder Aromaölbad,
- Aufenthalt oder Urlaub in der Natur, am Meer oder an einem See,
- Tiere streicheln
- was Dir halt hilft, zu entspannen oder gar zu entgiften.

Du kannst Dir auch eine Duftöllampe aufstellen. Beruhigende Düfte: z.B. Mandarine, Zedernholz, Neroli, Verbene, Krauseminze, Lavendel, Kardamom.

Schau Dir schöne, positive Filme an, lies Bücher, die Deiner Seele gut tun. Die Liste ist erweiterbar. Wenn es Dir hilft, mit wem über Deine Probleme zu reden, dann tu das. Gerade frische Traumata verarbeitet man ohne sonstige Schulung am besten, wenn man direkt jemanden zum Reden hat.

Was ältere Traumata angeht, solltest Du wissen oder herausfinden, ob Dir das Reden darüber irgend etwas bringt oder bringen kann.

Ich persönlich, als jemand, der mit körperlich bedingten Panikattacken aufgrund heftigster Schwermetallvergiftungen zu tun hatte, konnte mit dem Redeangebot eines Psychotherapeuten rein gar nichts anfangen. Ich war vergiftet, nicht verstört. Aber das weiß ja jeder für sich und seine Situation selbst am besten.

Nur - was machst Du, wenn Du Deinem eigenen Gespür für Dich selbst nicht traust und jeder Psychologe oder Therapeut, den Du anrufst,

a) ewig und drei Tage braucht, um festzustellen, dass psychisch mit Dir alles in Ordnung ist – FALLS er es Dir sagt - und Dir

b) von vornherein eine Wartezeit von einem Jahr ankündigt?

Darauf kann vielleicht ein Mensch warten, der eine psychische Ursache für seine Panikattacken hat, das weiß ich nicht, aber einer, dessen Körper schon so extrem auf Vergiftungen reagiert, hat ganz andere Probleme zu lösen, die er baldmöglichst in Angriff nehmen sollte.

Dann finde im Hinblick auf die Attacken ggf. heraus, wo Du eine psych. Tagesklinik in Deiner Nähe findest, an die Du Dich kurzfristig wenden kannst, wenn es Dir richtig schlecht geht und du befürchtest, Du könntest Dich selbst oder andere gefährden.

Da ich keine solche Einrichtung je von innen gesehen habe noch sehen wollte, kann und will ich keine Empfehlungen aussprechen. Aber wem es ein Gefühl von Sicherheit gibt, der kann sich, falls er in der Nähe einer solchen wohnt, ja die Anschrift und Nummer für alle Fälle mal notieren. Manchmal reicht das schon zur Beruhigung der Lage.

Bei Schwermetallvergiftungen sind neben Panikattacken schwerste körperliche Depressionen mit suizidalen Tendenzen offenbar keine Seltenheit, da kann so eine Adresse und eine Taxinummer schon mal sehr beruhigend sein. Auch dann, wenn Du sie nie in Anspruch nimmst, weil Du gar kein vorrangig psychisches Problem hast, sondern vergiftet bist. Aber Amoklaufen ist auch ungesund und manchmal ist dem ein oder anderen Panikkandidaten halt danach... Das kann ein nicht betroffener Mensch nicht nachvollziehen, also sorge DU gut für Dich selbst.

Manchmal ist eine Aufsicht und ein Notfall-Beruhigungsmittel vielleicht nicht die schlechteste aller Lösungen, wenn man ansonsten ganz allein wäre.

Ich persönlich würde mir lieber selbst helfen, bevor ich mir in einer Klinik Beruhigungs- oder andere Mittel verabreichen lasse, die mich noch zusätzlich belasten, aber das muss jeder selber wissen. Es ist nicht immer leicht, sich dermaßen im Griff zu haben und sicher ist dem einen oder anderen auch schon mal nach Handtuchwerfen zumute... Die Hauptsache ist, man lässt sich nicht komplett hängen und macht anschließend sinnvoll(er als vorher) weiter.
Und vielleicht hat man eine(n) beste(n) Freund/-Freundin, der oder die bereit ist, auch mal zu Unzeiten mit einem zu telefonieren, wenn sich wieder eine Attacke meldet, einfach, damit man eine andere Stimme hört und abgelenkt ist.

Lerne nun auch unbedingt, ein Gespür für Dich, Dein Befinden, Deine Grenzen zu entwickeln. Damit geht es nun los: Eigenverantwortlichkeit für Dich selbst lernen. Das macht unabhängig von der – vielleicht irrigen - Ansicht anderer.

Gerade bei Menschen, deren Hintergrund der Panikattacken eher auf körperlicher Ebene zu finden ist, kann ich mir gut vorstellen, dass sie ganz und gar kein Interesse daran haben, auch noch eine Psychiatrie-Karriere mit allem drum und dran zu starten, die bei ihnen ggf. völlig das Thema verfehlen würde.

Bei vielen von ihnen reicht ja ein einfaches, aber konsequentes Umdenken, ein Anschauen der eigenen Lebensumstände, seiner Ernährungsgewohnheiten, seines Umganges mit dem eigenen Körper bzw. wen er womit daran hantieren lässt und das Ändern all dessen. Oder auch mal ein ausgiebiger Urlaub. Das alles muss man allerdings selbst machen, das übernimmt nun mal kein Arzt und auch nicht mehr die Eltern, die ja vielfach mit der besten Absicht erst – häufig eben zusammen mit dem einen oder anderen Arzt - dafür gesorgt haben, dass man heute so vergiftet ist.

Leider habe ich schon gesunde Menschen mit nichts weiter als einer erhöhten Sensibilität für bestimmte Stoffe oder (Licht)frequenzen auf Jahre in einer Klinik verschwinden sehen, nachdem sie erstmal eine Zeit lang diverse Psychopharmakacocktails haben einnehmen dürfen, deren Wirkungen ihnen offensichtlich nicht bekommen sind.

Nicht jeder, der auf einen Stoff sensibler reagiert als andere, hat eine medikamentös zu behandelnde Psychose, sonst könnte man allein wegen Heuschnupfern, lactoseintoleranten Menschen und Weizenmehlpestizidallergikern (denen man erzählt, sie sollen sich „glutenfrei" ernähren) halb Deutschland überdachen.

Deshalb kann ich Dir nur raten:

Lass Dir nichts aufschwatzen, weder von mir, noch von sonst wem, sondern fühl in Dich hinein, was jetzt als Hilfe von außen wichtig für Dich ist: ein ernährungs- und vitalstoffmäßiges Aufpäppeln Deines Körpers, die eigene Überprüfung, ob eine Gesprächs- oder Traumatherapie (für letzteres braucht man einen speziellen Traumatherapeuten, das macht kein „normaler" Psychotherapeut) überhaupt sinnvoll wäre, oder ob z.B. eine Auflösung von Schocks, Traumata oder ungesunden Denkmustern und Blockaden bei Schamanen, Energiearbeitern, Heilpraktikern, Hypnosetherapeuten jetzt wirklich angezeigt wäre oder ob Du, sobald Dein Körper bzw. Deine Organe stabil genug dafür sind, in erster Linie „einfach" nur entgiften darfst. Alles weitere kann man ja später oder zwischendrin nötigenfalls immer noch in Betracht ziehen.

Mach das, worauf Du jeweils im Inneren eine Resonanz verspürst und lass weg, wovon Du das Gefühl hast, es würde Dir damit nur schlechter gehen oder es bringt Dir nichts. Jedenfalls dann, wenn Du Deinem Gespür für Dich bereits traust. Du hast eh schon genug Probleme am Hals.

Höre unbedingt in erster Linie auf Dein Bauchgefühl, nicht so sehr auf die Vorbehalte, Tipps und Einflüsterungen des Kopfes, der ja schon Teil des Vergiftungs- und damit des Panikproblems gewesen ist. ☺

3. Geistige Ebene

Hier bewegen wir uns auf meinem heutigen Gebiet als Schamanin. Damals hätte mir mein heutiges Wissen sehr helfen können, wenn ich es da schon gehabt hätte.

Man kann Traumata und Blockaden auflösen.

Man kann Schocks und ungesunde Gedankenmuster auflösen.

Man kann schlechte Erfahrungen auflösen, Giftstoffe ausleiten, Belastungen des energetischen Systems und der feinstofflichen Körper verringern oder aufheben.

Man kann auch als Nichtschamane lernen, wie man sich erdet und damit eine Art Blitzableiter für nervliche oder auch körperliche Belastungen nutzen wann, wo und wie oft man will.

Man kann sein Trinkwasser mit der passenden Information energetisieren:

einfach das Wasser in eine Glaskaraffe geben und diese auf einen Zettel stellen, auf den man so etwas wie „Gesundheit", „innere Ruhe", „Entspannung", „Heilung", „Gelassenheit", „Friede" o.ä. schreibt.

Man kann, wie schon unter „Maßnahmen bei akuter Attacke" beschrieben auch Heilsteine für sich und sein Wohlbefinden nutzen. Rosenquarz treibt überschüssige Energien fußwärts aus dem Körper, wenn man ihn ab Herzchakra aufwärts auf dem Körper platziert, während man im Bett liegt. Vorsicht: legt man ihn zu tief auf dem Körper auf, treibt er die Energien in den Kopf, statt zu den Füßen hinaus. Auch das gibt gerne einen „dicken Schädel".

Man kann lernen, wie man zu jeder Zeit überschüssige Energien abbaut und abgibt und damit sein System befreien und sich energetisch erleichtern kann.

Beruhige Dich mit Meditation, gerne mit einer geführten Meditation z.B. von CD. Du findest schon das Passende, wenn Du in verschiedene reingehört hast. Du musst damit nicht zu den Sternen fliegen, es bringt an diesem Punkt mehr, wenn Du bewusst in Deinen Körper spüren und ihn entspannen kannst.

Vor dem Aufstehen gibt die Meditation Dir Kraft und Ruhe für den Tag, vor dem Einschlafen hilft sie Dir, besser, ruhiger, erholsamer zu schlafen.

Doch je nach dem, wie Du meditierst, kannst Du ein ganz anderes Körpergefühl erlangen, das auch eine Entspannung für Dein Nervenkostüm darstellt.

Lerne, öfters auf Deinen Atem zu achten. Einfach nur beobachten reicht, um ihn zu regulieren, doch wenn Du Stress hast, bemühe Dich, tief auszuatmen, um ruhiger zu werden.

Damit hast Du, abgesehen von den Auflösebehandlungen, die Du vermutlich nicht gleich allein hinbekommst, eine Reihe Tipps und Möglichkeiten an der Hand. Die Übungen kannst Du Dir ggf. selber aus Büchern oder aus dem Internet besorgen oder auch von mir lernen.

Doch da dies hier nur eine Zusammenfassung von Tipps sein soll, wie Du Dir selber helfen kannst, hast Du hoffentlich Verständnis, dass ich hier nicht alle möglichen Übungen einzeln erklären und niederschreiben kann, das würde den Rahmen eines Leitfadens komplett sprengen und das habe ich bereits in anderen Büchern dargelegt.

Sollte ich die Übungen mal auf Tonträger aufnehmen, kannst Du sie gerne auch bei mir bestellen. Bis dahin kann ich sie nur persönlich unterrichten. Vielleicht findest Du ja noch etwas Hilfreiches in meinen anderen Publikationen, denn energetische Arbeit, wie ich sie dort beschreibe, ist für vieles nützlich, sei es für Erdung, Entspannung, Stabilisierung auf dem spirituellen Weg eines Menschen oder für die energetische Ausleitung von Schadstoffen und anderem Unerwünschten mehr.

Panikattacken bei (Mehrfach-) behinderung

Hier kommt noch eine weitere Dimension dazu. Oder zwei oder drei...

Die Ursachen der körperlichen Giftstoffbelastung werden hier vermutlich durch eine ganze Reihe spezifischer Medikamente und ihrer Inhaltsstoffe ergänzt.

Dazu kommt, dass, wer im Rollstuhl sitzt oder ans Spezialbett gefesselt ist, kaum je Bodenkontakt hat. Entsprechend fehlt ihm eine ganz wichtige Grundlage, um sich selbst zu helfen: die so wichtige Möglichkeit, sich zu „erden" und energetische Überspannung oder Giftinformationen in den Boden abfließen zu lassen.

Abgesehen davon, dass der Betreffende ggf. ohnehin in allem auf die Hilfe seiner Assistenten angewiesen ist, sind diese nun aufgefordert, ein paar zusätzliche Aufgaben für die betreute Person zu übernehmen.

In Bezug auf die Erdung zur Ableitung überschüssiger, ungesunder Energien heißt das, dass sie die Fußsohlen des Rollstuhlnutzers entweder flach auf den Boden bringen und dort (z.B. bei Spastiken) nötigenfalls eine halbe Stunde festhalten, oder, wenn das nicht möglich ist, dass sie stattdessen die Energien des Betreuten ableiten, indem sie diesen bei den Knöcheln oder Füßen fassen und selber ihre eigenen Fußsohlen fest auf den Boden aufstellen und sie gedanklich „öffnen". Dann werden die Energien des Patienten durch den Körper des Assistenten und durch dessen Füße an den Boden abgeleitet. Das allerdings muss mit dem Assistenten abgesprochen werden, ob er dazu bereit oder imstande ist. Es mag ja nicht jeder die Energien anderer übernehmen und nicht jeder kann oder will damit umgehen. Wer Glück hat, findet einen Assistenten, der selbst ohnehin auch energetisch/schamanisch arbeitet oder arbeiten kann.

Natürlich kann und darf der Behinderte auch lernen, die Energien stattdessen selbst über alle Körperbereiche, an denen er Kontakt mit dem Stuhl, Sitz oder der Rückenlehne hat, abzugeben. Allerdings müsste der Rolli hierfür (und generell zur Erdung des Betroffenen im Rolli) sinnvollerweise geerdet sein oder werden, also eine Verbindung z.B. per Draht oder Metallkette vom Metallgestänge zur Erde bestehen oder geschaffen werden können. Auch sollte der Rolli immer mal wieder energetisch gereinigt werden (oder die Matte oder das Bett oder wo auch immer der Betreffende sitzt oder liegt). Direkter Bodenkontakt ist am sinnvollsten. Sand, Wiese wäre super, Steinboden etc. geht aber auch. Auch Holzboden ist okay. Plastik/Gummi unter den Füßen oder unter dem Körper oder gar kein Bodenkontakt verhindern die Erdung dagegen. Wenn Decke oder Matte genutzt werden, dann sollte sie aus Baumwolle, Frottee, Wolle bestehen oder man nutzt eine dünne Schaumgummimatratze o.ä..

Alternativ zum Festhalten der Füße kann man auch eine Babybadewanne mit Sand (Baumarkt) oder Meersalzwasser füllen und der Patient steckt seine Füße hier hinein, öffnet seine Fußsohlen gedanklich und schickt alle überschüssige oder schädliche Informationen bzw. „Stoffe" in die Wanne. Füße danach abduschen, Wannenwasser entsorgen bzw. Energien im Sand transformieren.

Man sollte dem Patienten tagsüber vielfältige Möglichkeiten bieten, sich zu entladen, ihn also mehrfach täglich erden oder ihn auf eine Matte/ Matratze am Boden legen, Musik aufdrehen, tanzen und auspowern oder schwimmen lassen, am besten in Salzwasser. Alternativ kann man auch in Meersalzwasser baden. Nach jeder Aktivität sollte man die Gelegenheit nutzen und jeweils die Füße erden und überschüssige Energien ableiten.

Ebenso sind natürlich die Angehörigen bzw. Assistenten für das Kochen und Einkaufen und das hiermit verbundene Umdenken verantwortlich. Wenn die Eltern oder Assistenten den Selbstheilungsbestrebungen des Kranken in den Rücken fallen, indem sie einfach weiter kochen, wie zuvor, tun sie dem Betreffenden wirklich keinen Gefallen, der dann weiter in den Panikattacken und Todesängsten hängenbleibt.

Dem Behinderten selbst obliegt jeweils die Übernahme SEINER Aufgaben, nämlich das Essen der auf seine gesundheitliche Situation/Vergiftung abgestimmten Mahlzeiten, das Trinken z.b. chinesischer oder anderer Tees und Säfte und die regelmäßige bzw. bedarfsorientierte Durchführung der Aufgaben/Übungen, die er ausführen kann, sowie das Bestehen auf der Einhaltung derselben. Wer z.B. als geistig gesunder Mensch die Aufnahme gesunden, bzw. bedarfsgerechten Essens verweigert und lieber bei Nudeln mit Soße bleibt, braucht sich nicht zu wundern, wenn die Selbstheilung auf sich warten lässt und seine Assistenten die Mitarbeit z.B. bei der Erdung durch sie verweigern, weil der Betreffende seine Heilung ohnehin nicht ernsthaft betreibt. Hier ist wirklich Konsequenz und Kommunikation nötig. Es ist oftmals schon allein das Gemüse, das die Organe stärkend oder entgiftend wirkt. Wer darauf verzichtet, wählt die Attacken. Wer eine Nudelsucht hat, darf den Körper davon entwöhnen und das ein paar Wochen durchhalten, auch, wenn der Körper nach Nudeln schreit. Das tut er nun mal, so lange sich seine Zellen noch nicht wieder in den gesunden Zustand umgebaut haben, in dem sie auch ohne Nudeln leben können. Wer mag, kann gerne einen Ernährungsberater hinzuziehen.

Die Tipps für das körperliche und seelische Wohlbefinden und die geistige Arbeit zur Auflösung von Traumata kann man natürlich auch für Rollstuhlfahrer oder Mehrfachbehinderte übernehmen.

Gerade für mit der Behinderung aufgewachsene Menschen ist das Thema Panikattacken oft das erste Mal in ihrem Leben, dass sie gezwungen sind, sich um sich selbst zu kümmern, Verantwortung für sich selbst und ihr Wohlergehen und Wohlbefinden zu übernehmen, was sonst andere – vermeintlich - besorgt haben. Jetzt reicht das nicht mehr. Jetzt ist er selbst dran. Jetzt heißt es umlernen, sonst leidet er weiter. Wer auf eine Pille hofft, die Vergiftungen und damit auch die Attacken ernsthaft wegzaubert, vergeudet seine Zeit.

An diesem speziellen Punkt kommt keiner daran vorbei, für sich selbst zu sorgen, wenigstens in dem Maße, in dem er dazu fähig ist, und so umfassend wie irgend möglich, um diese Attacken möglichst bald zu beenden und hinter sich zu lassen. Das Leben hat einen hier buchstäblich mit dem Rücken zur Wand festgenagelt, um einen zu zwingen, Verantwortung für sich zu übernehmen.

Anders als bei anderen Erkrankungen, wo behandelnde Ärzte den Hauptteil der praktischen Arbeit erledigen können, ist hier der Betroffene, ebenso wie nicht behinderte Panikpatienten selbst gefragt, sich aus der Situation herauszuholen.

Das heißt auch, dass der Betroffene, sofern er geistig dazu in der Lage ist, von seinen Assistenten verlangen muss, dass ihm Tee oder Erdung oder gesunde Nahrung zuteil werden, und nicht darauf wartet, bis alle Assistenten selber daran denken. Die arbeiten dem Behinderten schließlich nur zu, sind aber nicht für seine Gesundung verantwortlich. Die obliegt dem von den Attacken Betroffenen allein. Dieser spürt ja am besten, wie es ihm geht.
Sofern er alt genug und geistig gesund ist, entscheidet er ja über seine Aktivitäten, seinen Tagesablauf und dann eben auch über die Maßnahmen zur Reduzierung und Abschaffung von Panikattacken selber.

Das heißt also, will ein körperlich eingeschränkter Mensch die Attacken los werden, so muss auch er über ca. 1,5 Jahre zunächst einmal dafür sorgen, dass alles dafür getan wird, dass die Attacken ausbleiben. Er muss seine Assistenten bitten, Tee und andere Dinge, wie z.B. die Notfalltropfen zu besorgen, ihn zu erden, vernünftig einzukaufen und nach Vorgaben des traditionell chinesisch arbeitenden Arztes oder des toxikologisch gebildeten Ernährungswissenschaftlers zu kochen. Irgendwann werden sich auch die Assistenten an die neuen Details im Tagesablaufplan gewöhnen, doch bis dahin muss man sie halt daran erinnern, dass die Übungen ebenfalls in den Tagesablauf- oder Einkaufsplan gehören. Gegebenenfalls dürfen die Assistenten gesondert geschult werden bzw. einen neuen Tages- und Maßnahmenplan erstellen.

Es wäre hilfreich und würde dem Betroffenen eine Menge Energie und Kraft ersparen, wenn sich Familie und Assistenten ihrerseits schnell auf die Einhaltung der neuen Ess- und sonstigen Gepflogenheiten einstellen würden, damit er sie nicht täglich um jede Kleinigkeit extra bitten muss, sondern bald in die nötige Routine kommt.

Nun gibt es Betroffene mit oder ohne Behinderung, die das selber, auch entgegen besseren Wissens, schleifen lassen, weil sie z.B. auf irgendeine Art fatalistisch veranlagt sind oder ihr Körper Süchte für bestimmte Stoffe oder Nahrungsmittel entwickelt hat.

Hier wäre es wichtig, dass alle, die mit seiner Betreuung befasst sind, einschließlich seiner Familie, ihn konsequent bei der Durchhaltung der Maßnahmen unterstützen, wenn er allein nicht dazu imstande ist. Schließlich können auch behinderte Menschen noch von Traumata oder anderen Blockaden belastet sein. Eine ebenfalls nachlässige Umgebung wäre ihm hier keine Hilfe.

Wenn aber meine Erfahrung und Erkenntnis stimmt, dass man aus Panikattacken letztlich nur wieder herausfindet, wenn man die Verantwortung für sich übernimmt, dann wäre in einem solchen Fall zu prüfen, woher der Fatalismus oder die Sucht stammt, und das ggf. aufzulösen.

In manchen Fällen ist es ja gerade ein lange, ggf. schon mehrere Leben hindurch bestehendes Muster des Betroffenen, das ihn erst in die Situation der Behinderung gebracht hat. (Im Kosmos gibt es weder Un-/Zufälle noch Fehler, nur Ursachen und Wirkungen.) Hier wäre es besonders hilfreich und auf viele Inkarnationen gesehen erlösend, die Auflösung der Panikattacken gezielt in Angriff zu nehmen und hierfür frühzeitig auch die Süchte, Traumata bzw. das fatalistische Muster aufzuheben.

Das wäre wiederum eine Aufgabe für Schamanen, Energiearbeiter oder Hypnose-Therapeuten.

Was die Behandlung eines behinderten Menschen angeht, gibt es noch ein paar weitere Dinge zu berücksichtigen.

Insbesondere bei Patienten, die nicht in der Lage sind, zu kommunizieren, fällt eine Gesprächstherapie ja oft von vornherein weg, also ist die hier sinnvollerweise angebrachte Methode, die noch von außen erbracht werden kann, die der direkten Auflösung von Schocks und schlechten Erfahrungen, ungünstigen Gedankenmustern usw.. Gerade Menschen, die vielfach auf Medikamente, ärztliche Behandlungen und Rundumunterstützung angewiesen sind oder dies in einer Klinik durchleben durften, haben oft ein sehr zerrissenes, manipuliertes, instabiles Energiefeld. Da gibt es einiges an Arbeit. Und doch muss der Betroffene auch hier aktiv daran arbeiten, sich und beispielsweise seine Denkweise zu steuern und ins Positive zu lenken.

Eine noch größere Herausforderung ist die akut bevorstehende „Panik"attacke.

Der einzige, der eine solche Attacke frühzeitig kommen fühlt, ist ja der Patient selbst.

Nun kommt es, will er die Attacke für mind. 1,5 Jahre unterbinden, und nicht zu Psychopharmaka greifen, jedesmal auf drei Dinge an:

1. Er macht sich unmittelbar und eindeutig bemerkbar, damit seine Assistenten oder Familie frühzeitig wissen, dass JETZT dringend SOFORT reagiert werden muss. Dazu kann man mit ihm vielleicht ein eindeutiges Wort oder Zeichen ausmachen oder ein quietschendes (Hunde-) Spielzeug oder eine Klingel an seinem Rolli anbringen, die er nur in solchen Fällen bedient.

2. Es ist immer eine 1.-Hilfe-Maßnahme, wie in meinem Fall z.B. ein Fläschchen Rescuetropfen in der Nähe, also direkt neben seinem Bett und in einer extra Tasche am Rollstuhl (Art der Verabreichung mit Betroffenem, ggf. mit Arzt absprechen).

3. Die Assistenten / Familienmitglieder reagieren **SOFORT!!!** und verabreichen ihm die 1.-Hilfe-

Sofortmaßnahmen, z.B. einen oder mehrere Rescue-Tropfen. Das kann durch Aufträufeln auf ein Taschentuch o.ä. geschehen, das der Betreffende unter die Nase gehalten oder auf die Nase gelegt bekommt, durch Auftropfen auf den Puls, den Nac-ken oder sonst eine geschlossene Körperstelle oder auf etwas, das der Behinderte in der Hand hält, bzw. ein Halstuch, den Kragen, die Kopfstütze usw. oder eben so, wie auf dem Etikett beschrieben steht, je nachdem, was da vereinbart oder mit dem Arzt erörtert wurde.

Damit nun der physisch herausgeforderte Mensch sich im Falle einer Panikattacke ggf. schon selbst helfen kann, wenn seine Assistenten doch mal nicht so auf Zack sein sollten, und er das schon allein für sein subjektives Sicherheitsempfinden (das ist bei Panikpatienten unglaublich wichtig, da kommt es auf winzigste Details und Millisekunden an) zur Verfügung hat, kann man ihm auch 1 oder 2 wiederverschließ- und waschbare Kissen aus alten Gästehandtüchern nähen, diese mit Salbei oder Lavendel füllen, von Zeit zu Zeit mit Rescuetropfen beträufeln und für die nächsten 1,5 Jahre am Rolli bzw. Bett jeweils neben seinem Kopf befestigen. So kann er bei Bedarf die Nase schon mal in sein 1.-Hilfe-Kissen stecken und sich selbst „herunterholen", bevor die vielleicht gerade vom Verkehr abgelenkten Helfer reagieren.

Eine beruhigende Wirkung hat auch immer und für alle von Panikattacken Betroffenen der direkte Körperkontakt, sei es durch Menschen oder Tiere. Ich vermag nicht zu sagen, ob behinderte Menschen nun mehr oder weniger Kontakt mit anderen Menschen haben, als nicht behinderte, da sie ja immerhin für jeden Handgriff, Umsetzen, Umbetten usw. von anderen berührt werden. Aber wo dieser Körperkontakt für Menschen die einzige Möglichkeit darstellt, sich energetisch zu entladen, weil man den Boden nicht erreicht oder die Füße sich nicht flach auf denselben stellen lassen, wäre vielleicht auch der Kontakt mit Tieren eine denkbare Alternative. Katzen leisten sehr viel transformierende Arbeit an energetisch ungünstigen Orten, Hunde oder Kaninchen schütteln störende Energien von Menschen wieder ab, sobald man sie wieder auf den Boden setzt.

Ich will jetzt nicht dazu aufrufen, unschuldige Wesen dazu zu missbrauchen, den Stress anderer aufzunehmen, aber jeder Kontakt mit Wesen oder Gegenständen, die geerdet sind, wie Bäume, Laternen (und eben nicht isoliert, wie der Rolli auf Gummireifen oder ein Bett auf Rädern) oder die sich erden können, stellen Hilfen zum Ableiten von Anspannung und Stressenergien dar.

Stress und Fehlreaktionen im Gehirn rufen Geräte, die elektromagnetische Felder aufbauen oder Microwellen strahlen, wie Handies, DECT-Schnur-lostelefone, Babyphones, LTE- und sonstige Han-dymasten, WLAN-Router, Tablets und Smart-phones usw. ohnehin hervor.

Bei Menschen, die regelmäßig Medikamente neh-men, zu epileptischen Anfällen neigen oder son-stige Hirnschäden oder das Gehirn beeinflussende Faktoren mitbringen, ist die Anfälligkeit für solche Störungen extrem verstärkt, das Neurosystem klinkt hier manchmal noch viel schneller aus, als bei ansonsten gesunden Menschen.

Entsprechend sollte insbesondere **Elektrosmog-Hygiene**(!) in Wohnung und Umfeld des Betrof-fenen betrieben werden. Es gibt Kabel, statt WLAN, Festnetz, statt Schnurlos-Telefon. Handies, Druc-ker, Fernseher und Router haben Knöpfe zum Aus-schalten, und selbst bei den Ein-Finger-Wisch-Ge-räten kann man mindestens „Flugmodus" eingeben, auch die Assistenten an ihren persönlichen Gerä-ten. Man hat ja während der Arbeit normalerweise sowieso keine Zeit zum Telefonieren oder Texten, bzw. Privatgespräche sind am Arbeitsplatz i.d.R. ohnehin unerwünscht.

Probiert, was möglich und hilfreich ist.

Hier sind Erfindergeist und Strategien gefragt, die auf die individuelle Situation zugeschnitten sind.

Und saubere Abwägung, ob all das für den speziellen Betroffenen passend und durchführbar ist.

Die Alternative sind bislang Medikamente, die die Attacken unterdrücken, die sie aber weder heilen, noch den Körper entgiften.

Im Gegenteil.

So oder so wünsche ich Dir viel Erfolg bei Deiner Rückkehr ins Leben!

Inhaltsverzeichnis:

Die Autorin

Irea lebte ein vielseitig-spannendes, dabei aber verhältnismäßig normales Leben, bis ihre Gesundheit ihr Leben komplett aus der Bahn warf. Als sie wieder auf den Beinen war, krempelte sie ihr Leben komplett um, verließ ihr Land und Umfeld, lernte Neues, durchlief einige transzendentale Erfahrungen und schrieb etliche Bücher, Essays usw., die nun der Reihe nach ans Licht gelang(t)en. Ihre Themen als Coach, Schamanin und Künstlerin sind die Freilegung der spirituellen menschlichen Größe und Fähigkeiten, sowie das Heilsein auf vielen Ebenen.

Weitere Infos, Angebote, Aktivitäten unter:

strahlkraft-akademie.com

„<u>VOLL BEWUSST SEIN</u>" - *Irea*

Schlüssel für das Ausleben Deines gesamten Potentials und die Inkorporation des allerhöchsten Bewusstseins. Ein Kurs zur Entfaltung des vollständigen Seins.

Die Erleuchtung im Alltag erlangen:

Dieses Buch gibt dem Leser einfache Übungen an die Hand, die in den Alltag integriert und bei Arbeit, Haushalt und in der Freizeit - von anderen nahezu unbemerkt – durchgeführt werden können. Überdies werden die unterschiedlichen Formen des Vollbewusstseins und deren jeweilige Ausprägungen erläutert.

Da mit dem spirituellen Wachstum sowohl auf geistiger, als auch auf körperlicher Ebene gravierende Veränderungen einsetzen, erörtert die Autorin bodenständig und humorvoll aus eigener Erfahrung, welche Phänomene auftreten können und wie man damit im gegebenen Moment umgehen kann. Die Übungen an sich stellen eine Vorbereitung sowohl für den Bewusstseinszuwachs selbst, als auch für die körperlich–geistige Fähigkeit, mit den zunehmend stärkeren Energien umzugehen, dar. Wer mag, kann sich die Übungen als Karten für die Hosentasche oder den Kalender kopieren bzw. ausdrucken.

Ein preiswertes, praxisbezogenes Hosentaschenseminar zum göttlichen Bewusstsein. Für alle, die gerade keine Zeit für Kloster, Gurus oder einsame Berggipfel haben.

Auch geeignet für Menschen, die einfach ein „bisschen bewusster" leben möchten und die Erleuchtung auf später verschieben.

Erhältlich als Taschenbuch/ gebunden/ Kartenset mit Buch.

Weitere Bücher:

„Harte Zeiten für Sanfte Seelen"

Wie ein hochsensibler, hochbegabter Empath* die Welt erlebt
Mit Tipps & Infos (nicht nur) für Eltern & Pädagogen

Die Welt und Familie, beschrieben aus der Sicht eines hochsensiblen und hochbegabten Kindes, das auf dem ihm in dieser Form unverständlichen Planeten Erde gelandet ist, offenbart, wie weit die hiesige Zivilisation und Menschheit sich von dem, was ein normaler Mensch können und leben könnte, weg entwickelt hat. Und wie traumatisierend das Dasein in niederen evolutionären Gefilden seitens vieler heutiger Kinder, die sich als Außerirdische auf einem fremden Planeten erleben, wahrgenommen wird, was für ihre Gesundheit, ihr Wohlbefinden und ihre Lebensentscheidungen natürlich nicht ohne Folgen bleibt. Will man diese kulturellen Dauerschocks abmildern und die gesundheitlichen Folgen wie Unruhe, neurale Störungen, Traumata und Konzentrationsprobleme (angebliches "AD(H)S") oder einfach Unterforderung oder häusliche/schulische Kämpfe aufgrund widernatürlich aufgezwungenen Verbiegens der Kinder vermeiden, so kommt man nicht umhin, die Kinder von Grund auf, von Innen heraus verstehen zu wollen und sie entsprechend ihrem Sein, welches in naher Zukunft auch das Sein aller darstellen wird, zu bestärken, zu fordern und zu fördern.

Dieses Buch ist entstanden, damit Familien und Pädagogen vom ersten Tag an einen möglichst guten Start bei der Auseinandersetzung mit der Sicht- und Funktionsweise von Kindern und Menschen der jüngeren Generation erhalten können.

In jedem Kapitel beschreibt die Autorin zunächst Szenen aus ihrer vorgeburtlichen Zeit bis in ihre Jugend hinein, und wie sie die Momente erlebt hat, in denen sie erkennen musste, dass die Menschen um sie herum anders funktionierten als sie selbst. Im zweiten Teil eines jeden Kapitels erklärt sie kurz angesprochene Themen und Möglichkeiten, Hintergründe, Zusammenhänge, um Schäden vom hochsensiblen Kind oder auch Erwachsenen abzuwenden bzw. um Verständnis füreinander zu erlangen. Natürlich gehören diese Infos unbedingt auch in Schulen und (Kinder-) Arztpraxen, will man umfassende Änderungen zugunsten einer gesünderen Menschheit, einer spirituell entwickelten Gesellschaft, und damit einer harmonischeren Welt herbeiführen.

Erhältlich als Hardcover und Paperback.

„*Sanfte Seelen* (re)aktivieren sich"

Fit werden für die nächsten Dimensionen – Übungen und kosmische Zusammenhänge

erklärt dem interessierten Leser, wie er für sich selbst oder mit seinen Kindern und Schützlingen Übungen zur Verfeinerung der eigenen Sinne, insbesondere des 6. und 7. Sinns, durchführen und diese Sinne nutzen kann. Ebenso zeigt es Wege auf, den Körper und das Nervensystem auf das wachsende Bewusstsein vorzubereiten, da der Körper, vor allem Nerven und Gehirn, vorbereitet werden müssen, damit sie vom höheren Bewusstsein, sprich von der sich kräftigenden Anbindung an das eigene höhere Selbst, an die Quelle allen Seins und Wissens und von der jedem innewohnenden, immensen, vielfach aber noch schlafenden göttlichen Kraft nicht überstrapaziert und überfordert werden. Diese Übungen können den Weg dafür bereiten, dass das höhere Wissen und Bewusstsein „einziehen" bzw. freischalten und sich im Individuum ausbreiten und entfalten kann. Hierzu gehören Achtsamkeit und bewusstes Handeln und Denken, aber auch die Entfaltung und Aktivierung von Hirnbereichen, auf die man bislang keinen Zugriff hatte. Wer die betreffenden Bereiche aktiviert hat und sich jeder Faser seines Körpers bewusst ist, erkennt die extreme Begrenztheit und wahrhaft geringe Bedeutung des Verstandes, den viele Menschen irrtümlich für das wichtigste Werkzeug halten, das sie mitbekommen haben. Dabei haben wir alle noch ganz andere Mittel und Fähigkeiten zur Verfügung. Mit Zeichnungen und Erläuterungen gesundheitlicher und kosmischer Zusammenhänge, Gesetze, Hintergründe.

Als Taschenbuch und als gebundene Ausgabe erhältlich.

MIX

Papier | Fördert
gute Waldnutzung

FSC® C083411

Zeitfracht Medien GmbH
Ferdinand-Jühlke-Straße 7
99095 Erfurt, Deutschland
produktsicherheit@kolibri360.de